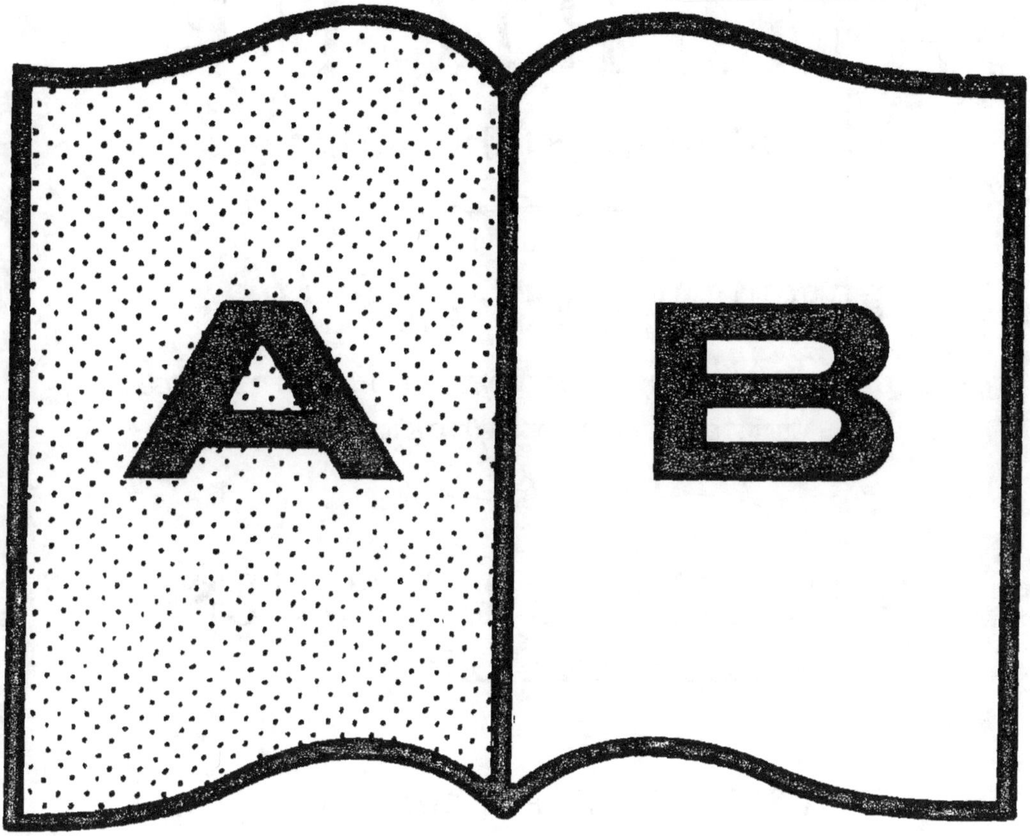

Contraste insuffisant

NF Z 43-120-14

AMÉRIQUE

DU NORD ET DU SUD

RENSEIGNEMENTS GÉNÉRAUX

SUR LES DIVERSES CONTRÉES OU SE DIRIGE L'ÉMIGRATION EUROPÉENNE

CONSEILS PRATIQUES

AUX ÉMIGRANTS

PAR

GEORGES DE PARDONNET

COMMISSAIRE D'ÉMIGRATION DE L'ÉTAT DE L'ORÉGON (ÉTATS-UNIS DE L'AMÉRIQUE), MEMBRE DE LA SOCIÉTÉ DE GÉOGRAPHIE COMMERCIALE DE PARIS.

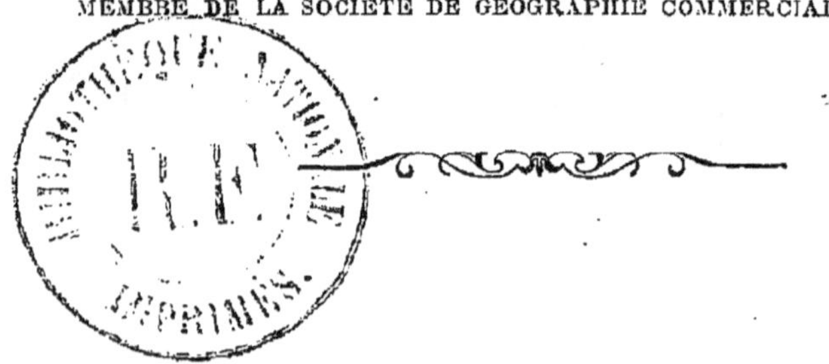

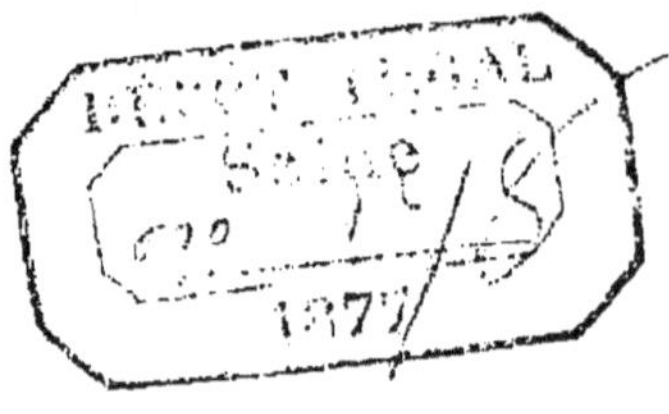

BUREAU :

72, BOULEVARD HAUSSMANN, 72

PARIS

INTRODUCTION

Peu de personnes, en France, ont des données précises sur l'émigration et les points où elle se dirige généralement ; le Français voyage peu et n'a que des aperçus géographiques assez erronés sur le Nouveau-Monde. L'émigrant français quitte généralement sa patrie avec les idées les plus fausses et quelquefois les plus fantastiques sur l'Amérique, à laquelle il vient demander cette grande et large hospitalité qui lui est si généreusement offerte. C'est donc lui rendre un véritable service que de le renseigner exactement sur les ressources inépuisables et les lois de pays lointains si peu connus ; c'est l'empêcher de faire fausse route et lui épargner les déboires et déceptions auxquels il s'expose, s'il ne sait dans quel sens diriger son activité.

J'ai pensé répondre à un véritable besoin en publiant les quelques pages qui suivent et qui contiennent quelques renseignements généraux sur deux États de l'Union américaine. — Que ceux qui ne les trouvent pas assez complets m'écrivent, je serai heureux de me mettre à leur disposition pour les compléter et leur fournir sur toutes les autres parties de l'Amérique des informations aussi détaillées qu'exactes.

Le lecteur trouvera à la fin de la brochure un chapitre spécial concernant les transports, l'embarquement, les billets de passage et les formalités à remplir pour effectuer le voyage.

GEORGES DE PARDONNET,

72, boulevard Haussmann.

Lettre officielle de M. William Reid, commissaire d'Immigration de l'État de l'Oregon à M. Geo. de Pardonnet, commissaire d'émigration de l'État de l'Oregon à Paris.

ÉTAT DE L'OREGON

1857

COMMISSION D'ÉTAT D'IMMIGRATION

Portland (Oregon), 11 octob. 1876.

Geo. de Pardonnet, Esq.,
72, boulevard Haussmann, 72,
PARIS. — FRANCE.

« Cher Monsieur,

« Vous avez été nommé par le Gouverneur de l'État de l'Oregon commissaire d'émigration en France pour résider à Paris.

« J'ai le plaisir de vous expédier en même temps que la présente votre commission, et je suis persuadé que vous ferez tous vos efforts pour engager l'émigration à se porter vers cet État.

« Vous voudrez bien vous mettre en rapport avec notre Commission d'émigration qui vous fournira volontiers tous les documents ayant trait à l'État et que vous pouvez désirer; l'on vous fera également parvenir de temps en temps tous les autres renseignements qui pourraient venir à notre connaissance de nos divers comtés.

« Je suis, etc.

« *Signé :* William REID,

« Commissaire d'immigration de l'État. »

ÉTAT DE L'OREGON

1857

COMMISSION D'ÉTAT D'IMMIGRATION

« Portland (Oregon), 26 mars 1877.

« Monsieur Geo. de Pardonnet,
« Commissaire d'émigration de l'État de l'Oregon.
« PARIS. »

« J'ai bien reçu votre lettre du 8 janvier écoulé, me demandant des renseignements officiels sur les ressources et les avantages qu'offre l'État de l'Oregon à l'émigration, renseignements que vous vous proposez, me dites-vous, de publier prochainement dans une nouvelle brochure.

« En réponse, je vous dirai de suite qu'il y a encore beaucoup de terres du gouvernement à obtenir de l'État sous le bénéfice des lois du « Homestead » et du « Pre-Emption (1), » et cela sur toute la superficie de l'État et en réalité dans tous les comtés.

Les terres encore inoccupées de l'Oregon occidental qui comprend toute la région située à l'ouest de la chaîne de montagnes des Cascades, quoiqu'elles soient pour la plupart couvertes de bois et de broussailles, sont néanmoins d'excellente qualité ; elles sont, pour la plupart, situées le long des cours d'eau ou dans leur voisinage, formant souvent de vastes surfaces parfaitement unies.

« On trouve en abondance de ces terres de 15 à 20 milles de notre chemin de fer principal (the Oregon California) et de nos plus grandes villes, telles que Portland, Salem, Albany, Roseburg, etc.

« L'Oregon oriental présente l'aspect d'un plateau élevé où ondulent de vastes plaines d'une terre franche et sablonneuse qui produit abondamment une herbe très-succulente et nutritive : cette contrée semble être particulièrement adaptée à l'élève du bétail. — Les céréales y réussissent parfaitement presque partout, seulement, comme le cours de la rivière Columbia a été jusqu'ici la seule voie de communication pour amener ces

(1) Voir à la page 15 le texte et les dispositions libérales de ces deux lois.

produits sur les marchés, et qu'une riche et puissante compagnie de navigation a réussi, jusqu'à ce jour, à conserver le monopole de cette navigation en raison des difficultés du cours de la rivière, le prix du fret est resté assez élevé. Les hivers sont aussi plus rigoureux que dans l'Oregon occidental: en réalité le climat de cette région est complétement différent de l'autre.

« L'Oregon occidental est une contrée sans rivale pour ce qui est de l'agriculture. Nous produisons le plus beau blé du monde, de même que la plus belle farine. Je vous enverrai quelques échantillons de nos graines.

« Les pommes, les poires, des prunes de toutes sortes et presque tous les fruits y viennent et avec profusion. — Le prunier, qui réussit généralement dans si peu d'endroits, deviendra, j'en suis persuadé, dans peu d'années, une de nos industries les plus lucratives. Il vient ici vraiment à merveille et ses fruits, grâce à nos séchoirs d'un nouveau modèle, peuvent être préparés très-économiquement et expédiés ensuite dans toutes les parties du monde.

« Notre laine, provenant de la partie orientale et méridionale de l'État, commande les prix les plus élevés sur les marchés des États-Unis, ainsi que notre blé sur les marchés du monde entier.

« Nous avons exporté, l'année dernière, pour près de deux millions de dollars de saumons pêchés dans la rivière Columbia entre Portland et l'Océan.

« Nos récoltes ne manquent jamais; il y a vingt-deux ans que j'habite l'Oregon et je n'ai jamais vu ni entendu dire qu'une récolte ait manqué.

« Je me propose, du reste, de vous envoyer tous les documents en notre possession qui vous donneront tous les renseignements désirables sur l'État, et dans lesquels vous pouvez ajouter toute confiance.

« Je suis, etc.

« *Signé :* Loyal B. STEARNS,
« Secrétaire de la Commission d'État. »

ÉTAT DE L'OREGON

Renseignements généraux sur cet État.
Avantages que peuvent y rencontrer les émigrants
européens.

L'État de l'Oregon, admis en 1857 dans l'Union américaine
par un acte du Congrès, est un vaste territoire fertile et d'un
climat tempéré, situé au nord de la Californie.

Ses bornes sont, à l'ouest, l'Océan Pacifique sur une énorme
étendue de côtes ; à l'est, le territoire d'Idaho ; au nord, le territoire de Washington, et enfin au sud, l'État de Californie, le
jardin des États-Unis.

Sa superficie est de 32 millions d'hectares. Le recensement
de 1876 n'accuse encore qu'un chiffre de population de 235,000
âmes, ce qui est peu pour un si vaste État.—C'est la difficulté des
transports qui, jusqu'à ce jour, a été un osbstacle au développement de cet État. — Mais aujourd'hui, grâce à trois nouveaux
chemins de fer le reliant avec tous les grands centres des États-
Unis, l'Oregon va prendre l'essor et l'extension que lui assurent
incontestablement et la fertilité de son sol et les richesses na-
turelles de tout genre qui y ont été enfouies avec prodigalité
par la main du Créateur.

L'État de l'Oregon est divisé du nord au sud par deux chaînes de
montagnes (dont la plus considérable est celle des Cascades) en
deux parties principales, l'Oregon oriental et l'Oregon occidental.

La première de ces deux parties, l'Oregon oriental, est plus
sèche que l'Oregon occidental, mais toutes deux sont également
fertiles et surtout admirablement arrosées. On y rencontre des
cours d'eau importants dont un, la rivière Columbia, formant

la limite de l'État au nord, est navigable pour les plus grands bâtiments de l'Océan jusqu'à 100 milles (200 kilom.) de son embouchure. Un affluent considérable de la rivière Columbia, la « Willamette, » s'y jetant presque à son embouchure, forme une des vallées les plus larges et les plus fertiles de l'État. Divers autres cours d'eau, formant de riches vallées, fournissent des forces motrices importantes qui mettent en mouvement de nombreuses scieries mécaniques qui débitent les différentes essences de bois dont les montagnes de l'État avoisinant les cours d'eau sont si abondamment fournies. Toutes les îles de l'Océanie, et même le Japon, offrent un débouché avantageux pour cette industrie du pays, qui est loin encore d'avoir atteint le développement dont elle est susceptible. Nous ajouterons qu'il y a là un champ très-vaste à exploiter, que nous signalons à l'attention des émigrants qui ont des aptitudes spéciales pour ce travail.

Sol et productions. — Industrie et commerce.

12 millions d'hectares de terres environ sur la superficie de l'État sont propres à l'agriculture et peuvent être considérées comme terres de premier choix : une quantité égale est bonne pour les pâturages et l'élève du bétail qui donne partout des résultats surprenants ; le reste consiste en terres montagneuses couvertes de magnifiques forêts de haute futaie donnant toutes les essences : le cèdre, le pin, le sapin, la sapinette, l'épinette, le chêne, le frêne, l'aune, l'érable tendre, etc., etc.

Le froment et l'avoine sont les principales céréales récoltées dans l'État de l'Oregon. Le climat et le sol semblent y être spécialement adaptés à leur culture, à leur maturité et à leur perfection.

On cultive aussi le maïs et l'orge, mais avec moins de succès. Le froment donne partout une récolte sûre dans l'Oregon occidental ; il n'est pas exposé aux ravages des insectes, de la rouille ni des autres fléaux communs dans quelques autres parties du monde.

Depuis que l'Oregon est colonisé par les blancs, c'est-à-dire depuis environ trente ans, on n'a jamais vu manquer une récolte de froment ; le rapport est ordinairement de 20 à 40 boisseaux par acre. Le grain est d'une qualité supérieure et donne plus que le poids ordinaire au boisseau ; il produit une farine qui commande les plus hauts prix à San Francisco et à New-York. Une cargaison de froment embarquée au printemps de 1869 pour Liverpool par une maison de Portland fit concurrence à des froments de toutes les parties du monde et finit par obtenir le plus haut prix de l'époque.

Dans la vallée de la Willamette, les fermiers commencent à s'occuper de la culture du lin. Cette culture arrivera à être une des plus importantes de l'État, par suite de la facilité que trouvent les fermiers qui s'y adonnent, à s'en défaire à un très-haut prix et presque sur place.

On cultive partout, dans l'État, les fruits avec un rare succès ; les arbres sont en plein rapport au bout de trois années. Les pommes, les poires, les coings, les cerises, les groseilles, et principalement les prunes, viennent en abondance.

L'élève du bétail donne dans tout l'Oregon d'excellents résultats. Les premières espèces qui y ont été élevées étaient excellentes, et les produits obtenus dépassent de beaucoup en qualité et en poids tout ce qu'a pu donner la Californie elle-même.

Les bœufs et les moutons de l'Oregon commandent les prix les plus élevés sur les marchés de San Francisco. Les laines de l'État sont estimées pour leur finesse et leur souplesse.

L'écoulement de tous les produits du sol est rendu facile par la quantité de rivières et de cours d'eau qui sillonnent l'État. La Columbia dont nous venons de parler plus haut, et qui est navigable jusqu'à 100 milles de son embouchure, rend de grands services, ainsi que la « Willamette », à toute une vaste région de l'État, en permettant l'écoulement facile de tous les produits du sol. Le commerce de cette partie de l'Oregon, arrosée par ces deux cours d'eau, emploie environ trente bateaux à vapeur. Tous les points de cette région sont aussi en communication journalière avec Portland, la ville la plus peuplée et la plus commerçante de l'État, devenue depuis quelques années un des plus riches comptoirs de San-Francisco, qui est le grand marché des principaux produits de l'Oregon.

Dans l'Oregon oriental, les fermiers trouvent un marché local encore plus avantageux dans les camps de mineurs et dans les nouveaux établissements des territoires voisins. Les prix ainsi obtenus sont plus élevés pour tous les produits, sauf pour les bestiaux, à l'égard desquels il y a peu ou point de différence.

Dans tout l'Oregon, les fermes ont une grande étendue, généralement 640 acres (320 hectares), souvent deux fois autant, ce qui est un résultat du système adopté par le gouvernement général à l'égard des premiers colons.

Ainsi que nous l'annonce le secrétaire de la commission de l'immigration de l'État, il y a encore dans tout l'Oregon d'énormes quantités de terres offertes au choix à l'émigration européenne. Ces terres sont distribuées gratuitement par le gouvernement, sous le bénéfice des lois du « Hommestead » et de « Pre-Emption, » aux émigrants qui remplissent les formalités requises à cet effet par la loi, et dont je donne plus loin, à la page 15, le texte et les dispositions libérales. Il y a place au soleil pour des millions d'hommes dans l'État de l'Oregon, et il doit être doux pour les prolétaires de la vieille Europe, qui ne possèdent rien, et dont les ancêtres n'ont eux-mêmes jamais rien possédé, de penser qu'ils peuvent là-bas fouler un sol devenu leur propriété par un acte souverain des États-Unis, et que ce sol, fécondé par leur travail et leur intelligence, devient de suite la source de satisfactions matérielles inconnues pour eux, et par cela même délicieuses, et plus tard le patrimoine d'une famille régénérée.

GEORGES DE PARDONNET,

Commissaire d'Émigration de l'État de l'Oregon.

Bureau : 72, boulevard Haussmann, Paris.

NOTA. — Pour les instructions concernant les transports, l'embarquement, les billets de passage et les formalités à remplir pour retenir sa place, voir à la fin de la brochure, page 46 sqq.

ÉMIGRATION AU KANSAS

(ÉTATS-UNIS DE L'AMÉRIQUE DU NORD)

Introduction.

Les notions que l'on possède jusqu'à ce jour sur l'État du Kansas, l'un des trente-neuf États qui constituent la jeune et puissante République des États-Unis de l'Amérique du Nord, sont très-restreintes et se bornent, je crois, aux quelques pages, quatre à peine, que l'on peut lire dans le *Special Report of Immigration* imprimé en 1872, à Washington par les soins du *General Land office* (Bureau général des terres). Il est vrai de dire que l'existence de cet État ne remonte qu'à quelques années (1861); rien encore n'a été dit ou écrit sur cette belle contrée pour en signaler les richesses et démontrer à l'émigration européenne les avantages réels qu'elle trouverait à se diriger sur ce point, et cependant ces avantages sont nombreux, encourageants, et, d'après les résultats obtenus dans le courant des six dernières années, de nature à prouver qu'ils dépassent de beaucoup ceux que peuvent offrir les États ou territoires voisins. Dans le but de combler cette lacune, et afin d'engager l'émigration à venir profiter des bienfaits d'un pays neuf, et de la distribution généreuse des terres publiques, j'ai résolu de publier ces quelques pages qui vont suivre, contenant des renseignements que je suis disposé à compléter par correspondance pour ceux qui voudront bien m'écrire.

GEORGES DE PARDONNET,
72, *boulevard Haussmann.*

Situation géographique, configuration, population et climat.

Le Kansas est l'un des plus vastes États de l'Amérique du Nord. Il est compris entre le 37me et le 40me degré de latitude nord, ce qui représente la latitude et le climat du midi de la France et du nord de l'Italie. Le Colorado à l'ouest, le Territoire Indien au sud, le Missouri à l'est et le Nébraska au nord sont ses limites. Le Kansas à une largeur de 210 milles anglais soit 110 lieues françaises, et compte une longueur de 430 milles (225 lieues); sa surface est à peu près de 90,000 milles carrés ou autrement dit 57,600,000 acres (l'acre américaine est une mesure qui représente 47 ares français environ).

La configuration du sol du Kansas est généralement uniforme et plate, les hauteurs sont peu nombreuses, et le nord-est de l'État seul possède quelques petites éminences. Le pays se divise en deux espèces de terres : celles dites de « bottom » ou terres des vallées, les plus fertiles du monde et qui comptent de 3 à 7 pieds de terre végétale noire d'une richesse sans égale, et les terres de haute prairie, d'une culture facile, possédant une couche végétale de 1 à 4 pieds, et qui sont admirablement aptes à la production des petites graines, blé, avoine, etc., qui réussissent souvent mieux dans ces hautes terres que dans les terres des vallées.

La population du Kansas a plus que doublé depuis trois ans; le recensement du 1er janvier 1870 donnait 325,000, celui du 1er janvier 1875, 721,500; le pays est appelé par l'étonnante fertilité de son sol à devenir, le jour où il sera peuplé, l'un des plus riches États de l'Union; ses produits agricoles de tous genres qui ont déjà obtenu de brillantes récompenses dans les concours ouverts depuis quelques années dans divers grands centres des États-Unis, ont été distingués d'une médaille de bronze (section des céréales) à la grande Exposition universelle de Paris en 1867. Ses fruits sont, sans contredit, les plus beaux et les plus succulents de l'Ouest et peuvent rivaliser avec les produits de la Californie. Le pêcher en particulier donne de si abondantes récoltes que l'on serait tenté de croire ce fruit originaire du pays ; la vigne y croît partout à l'état sauvage et promet de devenir, avec le temps, l'une des principales cultures du pays. L'État, soucieux de la favoriser, dispense de l'impôt ceux qui s'y adonnent, et paye, de plus, des primes qui varient d'après la quantité d'acres mises en culture et le rendement.

Le climat est tempéré et sain ; le ciel, d'un bleu pur, rappelle au voyageur celui de l'Italie ; les hivers sont généralement très-courts, janvier et février permettent au cultivateur, sauf quelques jours de la fin de janvier, de se livrer à tous les travaux de la ferme ; la terre est rarement gelée au point d'empêcher l'usage de la charrue. Nous n'avons jamais, ou rarement, plus de 10 centimètres de neige. Les étés quoique chauds sont toujours tempérés par une brise du nord, fraîche et agréable, qui soutient le cultivateur au milieu des plus rudes travaux de la récolte. Le pays est admirablement et abondamment arrosé ; l'eau est pure et agréable au goût. Ses principaux cours d'eau sont : au nord-est, le Missouri ; au centre, se jetant dans le Missouri, la grande rivière du Kansas qui donne son nom à l'État ; au sud-ouest, le fleuve de l'Arkansas, l'un des plus importants cours d'eau de l'Amérique. Le Neosko, le Smok-Hill River, le Salomon River le Républicain River, le Cottonwood River, arrosent la partie centrale de l'État et comptent des milliers de tributaires ; leurs eaux fertilisent les plus jolies vallées qu'il soit possible de trouver dans toute cette partie de l'Amérique ; rien de plus frais, de plus gracieux, que les bords de ces rivières et ruisseaux du Kansas, couverts de verdure et très-bien boisés ; on y rencontre à peu près toutes les essences : le noyer blanc et noir, le chêne, le mûrier, l'orme rouge et blanc, le sycomore, le cèdre, le *cottonwood* ou peuplier-coton du pays qui produit un coton qui pourrait être utilisé, le hêtre, le *mappletree* ou arbre à sucre, le prunier, le cerisier, le noisetier, et des arbustes rampants, tels que le framboisier, le groseillier, etc., etc. A part les rives des cours d'eau, le bois est assez rare ; mais cette rareté du bois est loin d'être un obstacle ; au contraire, elle rend la culture du sol infiniment plus facile et plus rapide que dans certains États du Nord, où l'on est obligé de couper et quelquefois d'incendier d'immenses forêts qui couvrent toute la surface du sol, et ce défrichement constitue une besogne extrêmement pénible. Les colons des États du Nord sont obligés de travailler deux ou trois ans, et souvent plus pour avoir, au prix de mille sueurs, le terrain comme le trouve sans peine au Kansas l'émigrant qui arrive. Pour le moment il y a au Kansas du bois en quantité plus que suffisante pour tous les besoins du fermier. Depuis la découverte et l'exploitation de riches et inépuisables bassins houillers le long du chemin de fer du *Missouri, Kansas and Texas Railway*, l'usage de la houille devient très-répandu et presque exclusif dans les villes où son prix est très-modique (soit 20 cents ou 1 franc le boisseau, trois quarts d'hectolitre français, au détail). Plusieurs Compagnies se sont déjà organisées pour exploiter les houillères; toutes prospèrent. Je connais bon nombre de fermiers qui brûlent leur propre charbon qu'ils trouvent sur leurs terres à une profondeur variable.

Enfin, j'ajouterai que les bois si dévastés, dans les premières années de l'installation des colons, soit par les feux allumés par imprudence, soit par la hache, se repeuplent avec une rapidité extraordinaire de sujets plus vigoureux, — ce qui accuse une puissance prodigieuse de végétation. — On plante du bois de tous les côtés sur les hautes terres, ce qui, dans peu d'années, unifiera la température.

Des primes très-élevées sont accordées à ceux qui plantent du bois, ainsi qu'à ceux qui sèment des haies vives autour de leurs champs ou de leurs propriétés.

MODES DE PROPRIÉTÉ

1. Terres du gouvernement. — Concessions gratuites.

Je suis certain de rester dans la stricte vérité, en disant qu'il n'y a pas un émigrant sur dix mille qui connaisse le texte de ces deux lois des États-Unis qui assurent gratuitement 80 ou 160 acres de terre à tout homme âgé de vingt et un ans ; voici le texte exact de ces lois :

Homestead law. — Loi du Homestead (1).

« Chaque chef de famille, ou chaque veuve, ou toute femme non mariée, ou tout homme âgé d'au moins vingt et un ans, citoyen des États-Unis ou qui a fait serment de le devenir, peut obtenir au bureau des Terres du gouvernement, après avoir payé dix-huit dollars de droits d'enregistrement, 160 acres (plus de 85 hectares) de terre en dehors des limites d'un chemin de fer, ou 80 acres dans ses limites. » (*On entend par limite de chemin de fer une largeur de dix milles (5 lieues françaises) prise de chaque côté d'une voie ferrée.*) Toute personne qui désire occuper une terre sous le bénéfice de cette loi doit se rendre (les anciens soldats des États-Unis exceptés) au bureau des Terres du gouvernement, dans la circonscription duquel elle se trouve située, pour faire la déclaration qu'elle a résolu de s'y établir ; les droits de la personne sur la terre commencent seulement après cette déclaration ; il lui est délivré un reçu des droits qu'elle a payés avec indication précise du numéro et de la position de la terre (*toutes les terres de l'État sont arpentées depuis trois ans,*

---

1. *Homestead* signifie propriété inviolable, en y impliquant l'idée du foyer domestique.

et des bornes en pierre indiquent les coins), et un délai de six mois est accordé pour s'y rendre et l'habiter définitivement. Cinq ans après, cette même personne est tenue de se présenter de nouveau, elle-même, au bureau des titres avec son reçu et deux témoins pour prouver qu'elle n'a pas cessé de cultiver et d'habiter cette terre, c'est-à-dire que, depuis l'époque où elle en a fait la déclaration, elle y a *bâti une maison habitable, creusé un puits et mis dix acres en culture.*

Cette formalité accomplie, un titre de possession en règle lui est délivré par le chef du bureau des titres et contre-signé par le Président des États-Unis. Une *absence de plus de six mois*, à n'importe quelle époque des cinq ans requis par la loi, sera considérée comme un fait entraînant la perte de tout droit sur la terre. *Une terre de Homestead* ne peut être saisie pour aucune espèce de dette, elle représente le domicile inviolable du citoyen américain où aucun fonctionnaire civil ou militaire ne peut entrer qu'en vertu d'un mandat de la loi. En cas de mort avant l'expiration des cinq ans, les droits du défunt sur la terre sont transmis à sa veuve ou à ses héritiers.

Pre-Emption law (loi dite du Pre-Emption).

« Chaque chef de famille ou chaque veuve ou toute femme non mariée ou tout homme âgé d'au moins vingt et un ans, citoyen des États-Unis ou qui a fait serment de le devenir, peut obtenir 160 acres de terre *soit dans les limites soit hors des limites d'un chemin de fer.* » Il suffit pour cela de commencer un travail quelconque (culture, construction, rien n'est déterminé à ce sujet) sur la terre que l'on a choisie après s'être assuré auprès des voisins ou au bureau des Terres qu'elle n'est point déjà prise. Les droits datent de l'époque où ses premiers travaux sont exécutés, et dans les trois mois qui les suivent, la personne est tenue de se rendre au bureau des Terres faire sa déclaration. Il lui est délivré sur le payement de 2 dollars (10 francs) un reçu qu'elle devra rapporter 21 mois après pour avoir le droit d'acquérir la terre à raison de 1 dollar et 25 cents (soit 6 fr. 25) par acre, pour les terres situées en dehors des limites et 2 dollars 50 cents (soit 12 fr. 50) pour les terres dans les limites d'un chemin de fer. On n'est pas autorisé à se substituer quelqu'un pour demeurer sur la terre et la garder ; la loi exige que ce soit un fait accompli personnellement ou par des membres de la famille résidant sur la terre, et la somme de travaux à exécuter est la même que celle requise par le *Homestead law*. Chaque personne a le droit de jouir des priviléges accordés par les deux lois ci-dessus, mais non concurremment ; autrement dit, il est nécessaire de commencer par profiter de l'une des lois pour avoir le droit d'user de l'autre.

Remarques.

Je me souviens qu'il y a dix ans, émigrant moi-même, et à la recherche de toutes ces informations si précieuses pour celui qui désire s'établir, j'ai fortement étonné l'un des hommes d'affaires les plus importants de New-York, plusieurs fois millionnaire et président de plusieurs Compagnies de chemins de fer de l'Ouest, en lui disant que je croyais que le gouvernement des États-Unis donnait gratuitement 160 acres de terre. Le digne monsieur en ignorait le premier mot. Si des Américains eux-mêmes savent si peu de ces questions si importantes à connaître en Amérique, on ne peut vraiment pas trop blâmer le pauvre émigrant qui les ignore. Il m'est arrivé souvent d'écrire en France à de nombreux amis qui me demandaient des renseignements précis ; quelques-uns ont catégoriquement refusé de croire à cette libérale distribution des terres publiques ; d'autres cependant, plus confiants, sont venus augmenter le nombre déjà respectable des résidents français du Kansas, et n'ont eu qu'à se louer de leur courageuse détermination. Nous possédons déjà plusieurs colonies françaises dans l'État, — toutes prospères, grâce au travail et à l'économie de leurs membres, — et je ferai tout en mon pouvoir pour favoriser ceux qui voudront s'y joindre.

2. Terres des Chemins de fer.

Abordons maintenant la question des terres des chemins de fer, question grosse d'intérêt et, s'il est possible, encore moins connue de l'émigrant que celle des terres du gouvernement. Dans la vieille Europe, ce sont les pays déjà peuplés, riches et industriels, qui ont le privilége des voies ferrées; de tels projets sont mis dix ans à l'étude, puis il s'écoule encore dix autres années pour construire : en un mot, c'est le pays qui fait le chemin de fer, ici rien de semblable; au Kansas notamment, ce sont les chemins de fer qui font les pays, si l'ont peut se servir de cette expression.

En effet, nous voyons tous les jours de riches Compagnies de chemins de fer formées par des capitalistes de New-York, Boston ou Philadelphie venir construire des voies ferrées dans des pays jusqu'alors connus seulement des géomètrés du gouvernement ou des trappeurs, et effrayer du sifflet des locomotives les buffles, tranquilles possesseurs jusqu'à ce moment d'un sol qu'ils foulaient depuis des siècles. Ces sortes de constructions se font avec cette merveilleuse activité qui caractérise les races jeunes et fortes; quelques mois suffisent pour l'établissement de chemins de fer de plusieurs centaines de lieues, et presque immédiatement s'élèvent le long de ces routes des cités dont quelques-unes atteignent au bout de peu de temps, comme par enchantement, un chiffre de population de plusieurs milliers d'âmes; vous en avez plus de vingt exemples le long de la ligne du chemin de fer du « Missouri, Kansas and Texas Railway ». Le gouvernement, dans le but de favoriser ces compagnies de chemins de fer, leur accorde, au lieu de subventions en espèces, ce que l'on appelle un « *Land Grant,* » (concession de terres), c'est-à-dire la propriété absolue de la moitié des terres qui se trouvent à dix milles de chaque côté de leurs voies ferrées. Les nouveaux États et les territoires de l'Union sont divisés d'après les méridiens en *townships,* ce qui correspond en français à un arrondissement, et les townships en 36 sections de 640 acres (326 hectares environ), qui sont elles-mêmes divisées en quarts de section de 160 acres, subdivisées aussi en fractions de 40 acres, dont voici le spécimen :

6	5	4	3	2	1 160 / 40
7	8	9	10	11	12
18	17	16	15	14	13
19	20	21	22	23	24
30	29	28	27	26	25
31	32	33	34	35	36

On remarquera que les chiffres s'écrivent par la gauche : ainsi chaque Compagnie possède toutes les sections impaires 1, 3, 5, 7, etc., de toutes les terres situées à dix milles à droite et dix milles à gauche de ses voies. Après avoir satisfait à certaines conditions stipulées avec le gouvernement des États-Unis, une Compagnie a le droit, à une époque déterminée (achèvement complet de la voie et service régulier des trains), d'opérer, à son bénéfice, la vente des concessions qu'elle possède.

La Compagnie du Missouri, Kansas and Texas Railway, vend actuellement ses terres à des prix variant de 2 à 6 dollars l'acre en onze années de crédit à 7 p. 100 d'intérêt sur les payements différés.

Exemple :

160 acres vendues le 1er mai à M. X... à raison de 5 dollars l'acre, soit.. 880 dollars.

Les payements seront dus et effectués de la manière suivante :

1er mai 1872, jour de l'achat, un dixième du montant total, soit. 80 dollars.

1er *payement.* Mai 1873, pas de payement excepté les intérêts sur les annuités encore dues.. 50 40

Payements à faire.

			Dixième annuel.	Intérêts.	Total.
2°	*payement.* Mai	1874	80	50 40	130 40
3°	—	— 1875	80	44 50	124 80
4°	—	— 1876	80	39 20	119 20
5°	—	— 1877	80	33 60	113 60
6°	—	— 1878	80	28 »	108 »
7°	—	— 1879	80	22 40	102 40
8°	—	— 1880	80	16 80	96 80
9°	—	— 1881	80	11 20	91 20
10°	—	— 1882	80	5 60	85 60

Un escompte de 20 p. 100 est fait sur tous les achats de terre payés comptant le jour de la remise du titre, de 10 p. 100 si l'acheteur veut se libérer dès la seconde année ou à toute autre époque. Il est entendu que cet escompte de 10 p. 100 ne portera que sur les sommes restant dues et non sur la valeur totale.

Ici je me permettrai de donner aux émigrants le conseil puisé dans mon expérience du pays, celui d'acheter toujours à côté du quart de section ou des 80 acres qu'ils tiennent du gouvernement en vertu des lois du « Homestead » ou du « Pre-Emption », une portion égale de terres de chemin de fer. Ils se constituent ainsi, de suite dès leur arrivée, une propriété destinée à avoir un jour une grande valeur.

Ainsi l'émigrant, en achetant les terres de la Compagnie du « Missouri, Kansas and Texas Railway, » devient de suite, et à bien peu de frais, propriétaire d'un sol riche destiné à valoir de 25 à 100 dollars l'acre en cinq ou six ans, à proximité d'un chemin de fer qui assure le débouché facile et avantageux de tous les produits agricoles et le laisse, en cas d'absence, libre de toute préoccupation sur la valeur de ses droits ; en payant exactement chaque année la faible somme stipulée par son contrat d'achat, il devient le maître d'une ferme qui lui assure tout le confortable que peut se donner le fermier intelligent de l'Ouest, confortable assurément bien supérieur à celui dont jouit le cultivateur français.

La Compagnie met *gratuitement* au service des émigrants à leur arrivée à Neosho-Falls des agents pour leur montrer les terres, les aider à s'installer, les diriger dans leurs achats et les tenir en garde contre toutes les surprises et toutes les vexations qui assaillent l'émigrant se croyant assez fort pour conclure lui-même, dans un pays dont il ne parle pas la langue, les premières transactions dont dépend souvent le succès des années futures.

Conseils importants.

Le parcours sur le chemin de fer du « Missouri, Kansas and Texas Railway » sera gratuit pour ceux qui s'engageront à acheter des terres. Le bureau central des terres de la Compagnie est situé à Neosho-Falls, jolie petite ville de 1,500 âmes, située à 16 lieues françaises de Topeka, *capitale* de l'État du Kansas (12,000 âmes). Le personnel qui le compose est un personnel de choix et fera tout ce qui sera en son pouvoir pour aider les émigrants dans leurs premiers pas toujours difficiles. Tous ceux qui voudront obtenir de plus amples informations en Europe sont priés de venir me voir ou de m'écrire, à mon bureau, 72, boulevard Haussmann, à Paris ; je n'épargnerai ni temps ni peine pour donner au sujet toute la lucidité nécessaire. Les familles surtout peuvent compter sur le meilleur accueil et obtiendront toujours les conditions les plus avantageuses ; je suis disposé à remettre, à ceux qui le désireront, des lettres d'introduction et de recommandation pour mes correspondants et amis, ce qui leur assurera de suite la plus cordiale réception à leur arrivée au Kansas.

J'ai signé avec deux Compagnies de paquebots et avec toutes les Compagnies de chemin de fer de New-York, des conventions par lesquelles les émigrants expédiés par nos soins sont pourvus de billets directs à prix réduits et expédiés sans délais ni retard. Ces avantages peuvent être obtenus en m'adressant une lettre à cet effet. Chaque demande sera examinée avec soin et la réponse expédiée immédiatement.

(Pour de plus amples détails voir à la fin de la brochure les instructions concernant les transpors, billets de passage et formalités à remplir pour retenir sa place.)

Des achats de terre.

Beaucoup de personnes désirant faire pour elles-mêmes ou pour leurs enfants des placements avantageux et solides se sont depuis quelque temps adressées à nos agents ou à moi-même pour des achats de terre de chemins de fer au Kansas par fractions variant entre 80 et 640 acres, soit comptant, soit en dix ans de crédit.

Toute demande de ce genre doit être faite par lettre affranchie. J'examinerai avec intérêt chaque demande. Je puis communiquer aux parties intéressées le prix, par section et par comté, de toutes les terres possédées au Kansas par la Compagnie du « Missouri, Kansas and Texas Railway, » avec les cartes, etc., etc.

Je dois répéter ici, pour éviter toute confusion entre les terres de chemins de fer et les terres du Gouvernement, que l'État ne vend pas, ainsi que le fait la Compagnie du « Missouri, Kansas and Texas Railway, » ses terres aux non-résidents : ainsi, comme exemple, la Compagnie du « Missouri, Kansas and Texas Railway » peut vendre à une personne résidant à Londres ou à Paris une fraction indéterminée de ses terres et n'en délivre les titres qu'aux personnes ayant rempli les conditions imposées par les deux lois du « Homestead » ou du « Pre-Emption ».

DU KANSAS EN GÉNÉRAL

Main-d'œuvre et salaires.

Quelques mots maintenant du pays en général. Les villes dont quelques-unes dépassent en population 15 et 20,000 âmes présentent mille ressources pour tous les métiers ; les capitalistes y trouvent à faire des placements solides qui varient de 12 p. 100, intérêt légal de l'État, à 48 p. 100 sur les terres, immeubles, marchandises en consignation, etc. Tous les commerces prospèrent ici du moment qu'ils sont conduits par des gens intelligents. Une opinion fort accréditée, c'est que tout en Amérique est hors de prix : ce n'est pas exact ; la vie proprement dite coûte moins au Kansas qu'en France. Les vêtements seuls et la chaussure y sont d'un prix plus élevé. La main-d'œuvre est, malheureusement pour le pays, beaucoup trop rare ; les artisans, tels que maçons, tailleurs de pierres, plâtriers, menuisiers, sont fort recherchés et par conséquent très-bien rémunérés. Un maçon gagne de 3 à 5 dollars par jour (15 à 26 fr.), un tailleur de pierre de 4 à 6 dollars (20 à 30 fr.), un menuisier 3 à 4, un plâtrier de 6 à 8 ; l'ouvrier, le manœuvre proprement dit, est très-recherché à la ville comme à la campagne. On paye habituellement dans les fermes un homme 20 à 44 dollars par mois (nourriture et blanchissage en sus du prix ci-indiqué). J'ai vu, l'été, il y a cinq ans, des cultivateurs perdre de belles moissons de blé et d'avoine faute de bras ; les femmes sont surtout extrêmement rares; il est presque impossible à une famille de se procurer des filles de service, même aux prix de 4 à 5 dollars par semaine (20 à 25 fr.); la population masculine de l'État du Kansas étant dans la proportion de 9 à 1, il en résulte qu'une jeune fille ou femme libre de sa personne trouve de suite à se marier et à son choix très-convenablement. Toutes les femmes libres ou jeunes filles parties d'Europe pour le Kansas l'an dernier sont maintenant mariées.

Les lois du Kansas sont, je crois, de toutes les lois qui régissent les autres États de l'Union, les plus favorables au pauvre et à l'ouvrier. Il est impossible à une personne qui a employé un ouvrier de ne pas le payer dans les vingt-quatre heures qui suivent l'achèvement du travail pour lequel il a été engagé (sauf consentement mutuel bien entendu) : dans le cas de refus, l'ouvrier a le droit d'en faire immédiatement la déclaration au premier magistrat venu en présence de deux témoins et de prendre séance tenante une hypothèque sur la propriété de son débiteur pour assurer le payement intégral de la somme due; il va de soi que quatre-vingt-dix-neuf fois sur cent le patron est contraint de payer, et a de plus à sa charge les frais de procédure toujours très-lourds aux États-Unis. La loi est précise à ce sujet, et assure à la classe ouvrière des droits qu'elle ne conquerra jamais sur le vieux continent.

Instruments aratoires.

Le prix de tous les instruments aratoires et agricoles est, au Kansas, moins élevé qu'en France, et la qualité est sans contredit supérieure à tout ce que l'on peut trouver de meilleur dans les manufactures françaises, et ce serait faire un mauvais calcul que d'en emporter avec soi.

Les charrues, par exemple : il y en a de deux espèces principales, celles dites de *Cassage*, que l'on emploie pour ouvrir le sol des terres vierges, et celles de *Vieille terre*, qui servent à retourner les champs déjà cultivés, sont extrêmement remarquables : leur soc est d'un acier qui défie par sa trempe celui des meilleures fabriques françaises, la forme en est commode, elles sont légères et fortes à la fois. Les premières se manœuvrent avec trois bons chevaux attelés de diverses façons (chacun fait à ce sujet comme il l'entend); les secondes, avec une paire de chevaux ordinaires, accomplissent un travail très-facile et pour l'homme et pour les animaux.

Pour les émigrants qui arrivent, il est plus économique de faire « *casser* » la quantité d'acres de terre que l'on désire mettre de suite en culture, par des voisins ou des gens qui en font métier ; ce travail se paye de 3,50 à 4 dollars l'acre : c'est, je le répète, une véritable économie de temps et d'argent pour la première année où le fermier a tant de choses à faire.

Les *wagons* (voitures de fermiers du Kansas) sont des véhicules commodes et appropriés à tous les usages des champs; ils se composent de deux parties : la caisse, extrèmement solide et légère qui peut s'enlever facilement, et le brancard comprenant les quatre roues et les pièces principales qui les relient, lequel peut servir au charroi de longues pièces de bois, des arbres et du foin ; on met, dans ce dernier cas, sur le brancard, une sorte de claie très-solide à claire-voie, que chacun fabrique à sa manière, et qui varie peu de ce que l'on emploie en Europe pour le même usage. Ces *wagons* se vendent de 90 à 180 dollars, et la moitié du temps, une partie de la somme à crédit. Une bonne paire de harnais vaut 30 dollars, les autres petits instruments, bêches, haches, pioches, fourches, coûtent de 1 dollar à 1 dollar et demi pièce. On a une bonne selle pour 12 dollars.

Procédés du culture.

Tous les grands travaux d'agriculture se font, au Kansas, à la mécanique ; un pauvre diable qui faucherait son foin à la faux ou son blé à la faucille ferait pitié à ceux qui le verraient s'épuiser à ce pénible travail. On fauche à la mécanique et le

foin et les récoltes : blé, avoine, orge, seigle ; une machine de
ce genre coûte 140 dollars. Généralement une machine fournit
aux besoins de tout un petit coin de pays; cela dispense ceux
qui n'ont pas un capital suffisant d'en acheter une dès les premières années. On paye de 0,75 cents (3 fr. 75) à 1 dollar
l'acre de fauchage du foin ou des récoltes, et cela se règle généralement, non en argent, mais en travail, par suite du besoin
que l'on éprouve, dans un pays où la main-d'œuvre fait défaut,
de s'aider beaucoup entre voisins. Une machine à battre le blé
coûte 1,200 dollars ; ceux qui en possèdent parcourent le pays
après les récoltes et viennent battre alternativement chez tous
ceux qui en font la demande, au prix de 7 ou 10 sous du boisseau américain (mesure qui équivaut aux deux tiers de l'hectolitre français). J'ai vu des personnes gagner beaucoup d'argent
dans des spéculations de cette nature. Les machines à semer le
blé coûtent de 60 à 80 dollars, mais ne peuvent être utiles,
malgré leur incontestable supériorité sur le travail manuel,
comme régularité et comme vitesse, qu'à ceux qui possèdent
déjà une grande quantité de terres en culture.

Des enclos et barrières.

Les terres cultivées s'entourent de *fences* (en français, enclos), pour mettre les récoltes à l'abri des atteintes du bétail,
enclos qui varient suivant les localités et les ressources de
formes et de matériaux: il y en a qui sont faits en poteaux
fendus dans des troncs d'arbres et grossièrement équarris, en
planches de toutes espèces, en pierres même superposées les
unes sur les autres sans maçonnerie. Mais l'enclos le plus économique que l'on puisse établir dans le pays, et en même temps
celui qui est de plus rapide construction, consiste en quatre
ou cinq rangs de fils de fer tendus et fixés à égale distance
le long de solides poteaux en chêne ou noyer enfoncés en
terre à deux pieds ; de pareilles clôtures ne reviennent pas à
plus de 150 dollars (750 fr.) pour 80 acres de terres, ce qui

représente un prix très-modéré pour l'ouest des États-Unis. Tous les métaux, du reste, et les bois sont à meilleur compte en Amérique que sur le vieux continent. Une dernière espèce de *fence* , bien autrement solide et bien autrement économique que toutes les précédentes est celle que l'on appelle dans le pays *Osage orange hedge*, c'est-à-dire haie d'oranger. Avec un demi-dollar de graine de ce petit arbuste et trois ans. de patience on en peut entourer toute sa terre et la mettre à tout jamais à l'abri du bétail. C'est un oranger sauvage qui produit de petits fruits très-aigres, originaire du Texas et des États de l'Amérique centrale ; il croît avec une extrême rapidité, toutes les branches et même le tronc sont garnis d'épines effroyablement aiguës et nombreuses ; en trois ans, avec quelques soins au printemps et des tailles faites en temps opportun, cet oranger sauvage donne une barrière infranchissable même au bœuf le plus rétif ; nous recommandons spécialement à chaque émigrant d'en planter sitôt que possible à l'intérieur de sa « *fence* » à trois pieds environ; trois ans après, il pourra l'abattre et la transporter ailleurs, et ainsi de suite jusqu'à ce que toute sa propriété soit complétement entourée.

Élève du bétail.

Certains comtés ont, pour des motifs différents, principalement puisés dans les intérêts locaux, défendu le parcours sans gardien des nombreux troupeaux de bétail élevé dans le pays; mais la majeure partie des comtés permettent à chacun de laisser librement circuler et paître le bétail dans les prairies. L'élève du bétail est une des sources véritables de la richesse publique du Kansas, celle qui lui apporte de l'Est la plus forte portion du capital qui circule dans le commerce. (Je connais parfaitement des fermiers qui, avec cinq vaches, leur premier avoir, ont fait en huit ans des affaires magnifiques.) Les bestiaux du Kansas, grâce à un sol fertile, couvert huit mois de l'année d'une herbe succulente et abondamment arrosée d'une eau pure et fraîche (rien n'est plus commun dans le pays que les sources), sont grandement appréciés par les boucheries de l'Est, qui envoient des acheteurs à presque toutes les époques de l'année. Les marchés de Chicago et de Saint-Louis, les deux grands centres de l'Ouest, payent le bétail sur pied un demi-sou la livre au-dessous du cours général.

De la race chevaline.

Mais, avant d'aborder l'élève de la race bovine, disons deux mots de la race chevaline.

Il n'y a point, au Kansas, d'élève en règle et sur une grande échelle de la race chevaline. Chacun possède plus ou moins de chevaux et de juments ; les beaux étalons sont extrêmement rares et se trouvent dans les comtés du N.-E. de l'État les plus anciennement peuplés (12 ans environ). Il existe deux espèces principales de chevaux dans le pays : le *poney*, espèce petite et vigoureuse, apte à la selle surtout, bien qu'elle soit souvent utilisée, faute de mieux, à tous les travaux de la ferme, et l'espèce dite *américaine*, plus haute, plus forte et provenant des races importées d'Europe. Le croisement des deux espèces donne des résultats très-satisfaisants : les chevaux qui proviennent de ce mélange sont infiniment plus capables de supporter les fatigues que les chevaux dits *américains*, et servent indistinctement à tous les travaux du fermier. L'élève du mulet n'est encore qu'à son enfance, au Kansas, et cependant j'ai vu, dans le pays, des mulets qui peuvent rivaliser par leur taille et leur vigueur avec des mulets espagnols ; ils ne sont à recommander que par leur sobriété, car ils possèdent tous les vices propres à les rendre dangereux.

Voici un aperçu des prix : une paire de poneys coûte de 80 à 100 dollars ; une paire de chevaux américains de 150 à 300 dollars ; mulets de 200 à 400 dollars ; on peut avoir une belle jument poney pour 75 dollars ; une américaine de 125 à 150 dollars. On ne trouve pas, sauf de rares occasions, d'étalons de prix à vendre, ils viennent tous de l'est des États ou d'Europe. Quelques individus ont fait très-rapidement de petites fortunes avec un seul étalon : on paye de 8 à 25 dollars pour faire couvrir une jument. Les chevaux du Kansas sont assurément les animaux les moins difficiles que j'aie vus : sobres et vigoureux, ils ne demandent un peu de grain, maïs ou avoine, que dans l'hiver ou pendant qu'ils sont employés aux plus durs travaux de la ferme; le reste du temps, ils se contentent de l'herbe de la prairie, qui ne coûte rien, chacun ayant autour de soi plus ou moins de terres libres.

De la race bovine, Élève du mouton.

Malgré la grande inexpérience et le peu de soin qu'y apportent les fermiers du Kansas, l'élève de la race bovine donne des bénéfices énormes qui varient de 25 à 100 pour 100 et quelquefois au-dessus. Celle du mouton est fort lucrative aussi, et dépasserait ce chiffre si le fermier du pays voulait se donner la peine d'apporter à cette industrie le soin qu'elle mérite. Il y a là pour le pays une question grosse d'intérêt; la laine brute est activement demandée sur le marché à raison de 50 cents (2 francs) la livre (un mouton peut, en moyenne, fournir chaque année au-dessus de trois livres de laine). Malgré la certitude de ce bénéfice, peu de gens savent ou veulent se donner la peine de faire un effort pour cette élève de bestiaux. Cependant, trois grandes manufacture de laine viennent d'être récemment construites dans l'État du Kansas, le long de la ligne du « Missouri, Kansas and Texas Railway », sur les meilleurs plans et munies des appareils les plus perfectionnés, qui n'attendent pour marcher que les matières premières. Ce fait peut vous donner une juste idée de l'activité et de l'intelligence commerciale de la jeune population du Kansas. Je suis persuadé que, d'ici peu, notre jeune État sera le centre d'une grande élève de moutons à laquelle il est, du reste, tout le monde se plaît à le dire, merveilleusement adapté; et que, tissant sur place nos produits, nous

nous épargnerons les transports de chemins de fer et l'intermédiaire, toujours très-onéreux, des manufacturiers de l'Est. Les objets en laine : effets, couvertures, sont positivement hors de prix ici. Exemple : une mauvaise paire de couvertures, à peine suffisante pour un homme, coûte de 6 à 8 dollars.

Le prix de revient du foin à la tonne (2,000 livres pesant) ne dépasse pas 3 dollars, chacun a autour de soi des milliers d'acres à faucher et peut en faire à discrétion, il n'y a que la main-d'œuvre qui coûte. On compte habituellement par hiver deux tonnes pour la consommation d'un cheval et une tonne pour celle de chaque tête de bétail à cornes, le mouton peut se suffire avec un quart de tonne; cependant ceux qui donnent cette quantité sont rares et n'ont pas tort, car c'est de l'argent bien placé.

Un seul homme à cheval peut garder cent cinquante têtes en un seul troupeau, ce qui fait revenir à 5 dollars environ par tête le prix de l'hivernage du bétail, au Kansas.

Prix du bétail.

Un mot maintenant des prix. Un bœuf de deux ans et demi, époque à laquelle il est bon pour la boucherie, se paye de 23 à 32 dollars ; une bonne vache à lait de trois ans révolus, de 35 à 50 dollars ; une génisse de deux ans et demi, époque de sa première portée, bien que les cas de précocité soient extrêmement fréquents à un an et demi, vaut de 25 à 30 dollars ; les moutons, qui ne valaient que 2 dollars 50 à 3 dollars 50 il y a deux ans, se payent maintenant de 5 à 6 dollars tête, par suite des essais d'élève faits sur différents points.

Les porcs sont chers, leur élève bien facile cependant et très-lucrative ; les débouchés assurés sur place même, car tout le monde sait que, dans les colonies et les pays nouveaux, la viande séchée et salée constitue pendant longtemps la base de la nourriture du fermier. Un jeune porc de deux mois se paye de 3 à 6 dollars. Il est bien plus avantageux (l'expérience le prouve) à un fermier de faire manger son maïs à des cochons pour les vendre ensuite à la boucherie que de le vendre au boisseau ; on a fait le calcul que dix boisseaux de maïs pouvaient engraisser de cent livres un porc arrivé à un an. Une truie d'un an vaut de 20 à 25 dollars ; pour les gros porcs assez avancés pour être tués, le prix est calculé à raison de 5 à 8 sous la livre sur pied, ce qui fait revenir cette viande bien plus cher que celle du bœuf qui s'achète dans toutes les boucheries, les morceaux au choix, 10 sous la livre.

Élève de la volaille.

La volaille est une source de grands et faciles profits : la main-d'œuvre étant trop chère pour permettre au fermier d'apporter beaucoup de soin et d'économie à la rentrée des récoltes, il se perd par ce fait même une notable quantité de graines dans les champs et autour des bâtiments d'exploitation ; le fermier intelligent a et doit avoir une quantité de volailles, poules, canards, dindes, etc., pour ramasser le grain perdu. Généralement, les espèces du pays sont belles, leur fécondité merveilleuse au printemps. Les œufs se vendent toujours bien, de 15 à 40 sous la douzaine, suivant les saisons ; les poulets sont aussi d'une vente très-facile de 35 à 50 cents la pièce. L'élève des dindes ne donne aucun souci au fermier ; elles trouvent elles-mêmes leur nourriture, vont dans la prairie vaguer des semaines entières et reviennent toujours à la ferme. Les Américains sont très-friands de cette volaille qui se vend de 1 à 5 dollars la pièce.

De la chasse et de la pêche.

Disons maintenant quelques mots des ressources que présente le pays pour l'alimentation, soit en gibier, soit en poisson.

Le Kansas est très-giboyeux et les rivières abondent en poissons dont quelques-uns (le poisson-chat) sont de véritables monstres par leur poids et leur volume. Comme gibier, on trouve le buffle sauvage (à une certaine distance maintenant des comtés peuplés), le cerf, l'antilope, le faisan, la dinde, la poule de prairie, l'oie, le canard, l'écureuil, la grive, la caille; comme poisson, la carpe, la truite, le poisson-chat (espèce d'énorme carpe qui porte une sorte de moustache pareille à celle du chat, qui lui a valu son nom), la perche, le poisson dit buffalo qui ressemble par son énorme tête au bœuf sauvage, et une quantité fabuleuse d'anguilles et surtout de tortues, dont quelques-unes pèsent près de cent cinquante livres. Les écrevisses foisonnent dans tous les ruisseaux.

Dans les premiers mois de l'installation, la chasse donne au nouvel arrivé un appoint très-important, et, plus tard, aide à varier l'alimentation et à la rendre agréable ; je sais que, pour ma part, je n'ai jamais mangé de venaison plus délicieuse que celle des cerfs que l'on tue chaque année aux premières neiges.

La viande du buffle, lorsqu'il est jeune encore, est exquise et plus blanche que celle du bœuf; elle est d'un grain plus fin et plus serré et n'a pas le goût particulier à la viande de gibier. La poule de prairie, qui ressemble exactement, quant au plumage, à la perdrix de France, est de la taille d'une volaille domestique et fournit un manger délicat. Le canard sauvage que l'on tue au Kansas dès les premiers froids, est, à mon avis, le meilleur gibier à plume du pays. Les dindes sauvages dont les Indiens ont été hélas! trop friands, deviennent malheureusement rares, car c'est un très-fin gibier.

Le Kansas ne possède aucun animal dangereux. Le seul qui mérite, à vrai dire, un coup de fusil, parce qu'il vient dévaster les basses-cours, est un chat sauvage de la taille du chat domestique, qui se sauve au moindre bruit. Il n'y a point de gros reptiles; on trouve certainement quelques serpents, mais tous de petite taille, qui ne mordent que lorsqu'on pose, dans la prairie, le pied sur leur corps ; je n'ai jamais vu d'accident sérieux survenu par suite de morsures de reptiles.

Installation du Fermier. — Différents genres de constructions.

Les constructions du pays varient à l'infini de forme, d'aspect, de matériaux; on trouve dans les villes des constructions de pierres ou de briques qui étonnent l'Européen, persuadé, en arrivant, qu'il ne va trouver que le désert ou tout au plus de misérables cabanes; j'ai apporté avec moi quelques photographies de forte dimension des principaux monuments du pays, afin de donner à ceux qui en manifesteront l'intention, une juste idée d'un pays qui n'a que quinze ans de date.

On construit au Kansas, en pierres, en briques, en bois de sapin, en bois du pays, de cent façons différentes; mais généralement, vu le prix très-modéré des bois du Nord transportés par les chemins de fer à un tarif très-réduit, on construit en sapin ces gracieuses maisons dites *frames houses* (maisons en bois de sapin). Avec moins de 150 dollars (750 fr.), un fermier peut posséder une maison de ce genre composée de trois chambres avec cuisine; elles sont plâtrées en dedans, en blanc au dehors, et produisent, au milieu de la prairie, le plus agréable effet. Les charpentiers du pays les construisent avec une étonnante rapidité et une solidité qui défie tous les vents. Le long de la ligne du chemin de fer, on trouve de nombreux entrepôts de bois où l'on n'a qu'à choisir. Tout est classé par longueur et par séries, le premier charpentier venu du pays vous dira à quelques pieds de bois près la quantité de planches, de traverses, de fenêtres, de portes qui vous sont nécessaires; tout est prêt et ne demande que peu de travail pour l'ajustage et le clouage, ce qui est indispensable dans un pays où tout doit se faire vite : le temps est trop précieux, au Kansas, pour permettre de le dépenser inutilement; il faut par conséquent considérer comme moins cher ce qui est le plus rapide.

Généralement, au Kansas, on construit en bois comme première installation; mais, comme la pierre est très-belle et qu'elle ne coûte que la peine de l'extraire du sol, on bâtit en pierre la deuxième ou la troisième année qui suit l'arrivée, cela dépend du temps et des moyens dont dispose l'émigrant ; la pierre à chaux se rencontre partout à profusion ; avec un peu de travail, chacun brûle sa chaux soi-même pour éviter de l'acheter fort cher, et souvent à une distance trop considérable. La terre à briques n'est pas rare non plus. J'ai remarqué que les Belges étaient réputés dans le pays les meilleurs fabricants de briques. Les briques font des constructions moins massives et plus coquettes que la pierre ; mais, à mon avis, cette dernière matière est sans rivale comme solidité, surtout pour maison de ferme et dépendances de ferme.

Produits agricoles.

Toutes les céréales viennent à merveille au Kansas, la culture en est facile et bien plus économique qu'en Europe, puisque la terre est si riche qu'elle ne demande pas de fumier ; je connais personnellement des fermiers de certains comtés de l'Est qui, depuis dix ans, mettent du blé chaque année dans la même terre, sans songer soit à la laisser en repos une année, soit à la soutenir par quelques engrais.

La vente de tous les produits de la ferme est assurée sur place pour bien des années, car chaque jour une quantité considérable de nouveaux émigrants, venant s'installer dans le pays, augmente la consommation sans fournir un appoint immédiat à la production ; il est donc nécessaire qu'ils achètent d'abord pour leurs besoins et pour leurs semailles, ce qui dispense, je le répète, de s'occuper des débouchés. Dans les comtés de l'est de l'État déjà un peu plus peuplés, il y a des marchés établis où tous les produits se vendent bien plus pour être expédiés dans les grands centres de consommation : New-York, Chicago, Saint-Louis. L'année dernière nos marchés ont fourni à New-York d'énormes quantités de beurre (réputé le meilleur) et de fabuleux envois d'œufs. Il n'est pas rare, au Kansas, de voir un fermier posséder 400 têtes de bétail à cornes et 1,000 volailles.

Des semailles et des récoltes.

On fait deux semailles de blé, au Kansas, une dite de *blé d'hiver*, et l'autre de *blé de printemps*; la première est supérieure à la seconde et comme qualité et comme rendement ; il faut compter comme semence un boisseau par acre pour le blé, un boisseau par dix acres pour le maïs, un boisseau à l'acre pour l'avoine, le seigle, l'orge, etc.

Le blé est de toutes les céréales celle qui se vend et se vendra de longtemps le mieux au Kansas, puisque l'État est loin encore, par suite de l'accroissement si rapide de sa population, de produire sa consommation de blé. Le blé d'hiver se vend 1 dollar 50 à 2 dollars le boisseau, le blé de printemps de 1 à 1 50. Le maïs de 50 sous à 1 dollar, l'avoine de 50 à 75 sous, ainsi que le seigle, l'orge se vend de 1 à 2 dollars et produit d'énormes récoltes. Du reste, la terre donne avec usure, au Kansas. Voici des chiffres : le maïs rapporte à l'acre de 60 à 100 boisseaux, le blé d'hiver de 35 à 50, celui de printemps de 25 à 30, l'avoine de 60 à 80, l'orge de 80 à 100. Les pommes de terre fournissent de prodigieuses récoltes, jusqu'à 300 boisseaux à l'acre, des chiffres vraiment fabuleux; les oignons, jusqu'à 400 boisseaux; ces derniers légumes se vendent très-bien et sont très-recherchés, l'oignon faisant apparition dans toute la cuisine du pays.

Du jardinage.

Le jardinage donne d'excellents résultats; les gros légumes, choux, navets, carottes réussissent très-bien ; les pois, les haricots, rapportent considérablement; les salades seules, et cela faute de soins la plupart du temps, donnent peu et généralement des feuilles un peu dures. Il n'y a pas de bons jardiniers dans le pays et l'on peut dire, en passant, que c'est même une lacune; chacun fait son école soi-même, et assurément, si les jardins rapportent, c'est que la terre est riche et non pas parce que ceux qui la grattent s'y entendent. Du reste, vous voyez (et ceci est à leur louange) quatre-vingt-dix-neuf fermiers du pays sur cent, vous avouer très-naïvement qu'ils s'y entendent peu et font de leur mieux d'après les conseils de ceux qui s'y connaissent davantage. — De bons jardiniers qui iraient s'établir au Kansas, dans le voisinage des villes, pour approvisionner les villes de légumes, gagneraient beaucoup, et cela avec beaucoup moins de labeurs et de soins qu'en Europe.

Commerce et Industrie.

Le crédit des États-Unis, que l'on avait cru, il y a quelques années, à jamais abattu par l'effroyable guerre civile de la sécession, s'est relevé plus fort que jamais, et, à cette heure, les États-Unis sont sans contredit la première république du monde, crainte et respectée dans l'univers entier, sans armée permanente à entretenir à grands frais, ni flotte inutile sur les mers ; son crédit est égal à celui de sa rivale l'Angleterre, et les nations de l'Asie lui envoient leurs fils à instruire. Le dollar américain vaut 5 fr. 40 de la monnaie française. On voit rarement l'or circuler dans le commerce, toutes les transactions ont lieu au moyen du papier, même pour les appoints. Les 5 sous sont seuls en nickel ; viennent ensuite les billets de 10 sous, de 15, de 25, de 50 sous et d'un dollar, puis de 2, de 5, de 10, de 20, de 50, de 100 et de 1,000 dollars.

Il se fait un très-grand commerce au Kansas. Le caractère américain étant complétement incompatible avec tout ce qui ressemble à de l'économie, il s'ensuit (vu les ressources du pays, l'argent dont dispose la classe ouvrière, le besoin du bien-être légitime du reste et accessible à tous, puisque tous gagnent largement leur vie) qu'il se fait au Kansas un chiffre d'affaires énorme pour une population de 700,000 âmes, bien supérieur à ce que consommerait et dépenserait une population européenne du triple de cette importance.

Il y a beaucoup d'argent à gagner dans toutes les branches de commerce et d'industrie; des tailleurs, de véritables tailleurs, et non ceux qui nous habillent actuellement au Kansas, feraient des fortunes considérables en quelques années, des modistes françaises gagneraient ce qu'elles voudraient, tout ce qui est luxe se payant des prix inouïs. Un pâtissier, un vrai pâtissier français, ferait en deux ans une fortune.

Comme grandes industries, nous avons des manufactures de ponts en fer, les plus importantes du centre du continent américain, des fonderies considérables, d'énormes moulins à vapeur et à eau, de grandes fabriques de voitures, d'instruments aratoires et d'armes, quelques manufactures de coton et de laine : toutes ces industries prospèrent.

La banque enrichit tous ceux qui s'y adonnent; le commerce des épices se fait sur une vaste échelle, presque toujours en gros, et donne de forts bénéfices à ceux qui s'en occupent et s'y entendent. La vente des vêtements d'hommes ou de femmes tout confectionnés, des chaussures, etc., ce qui s'appelle en anglais *dry goods*, a enrichi énormément de commerçants depuis quelques années et promet toujours de beaux bénéfices à ceux qui s'y consacrent.

Je ne puis passer outre sans dire que, dans mille endroits de l'État du Kansas, sur tous les cours d'eau qui l'arrosent et principalement dans la partie que traverse le chemin de fer du Missouri, Kansas and Texas Railway, il y a de magniques chutes d'eau à utiliser pour moulins à blé, scieries mécaniques, en un mot toutes les industries qui nécessitent l'emploi d'un moteur hydraulique, le meilleur marché de tous les moteurs. Plusieurs moulins fonctionnent déjà dans tout le pays; quelques-uns ont fait en trois ans la fortune de leurs propriétaires.

Des Écoles.

Tout le monde sait que l'instruction est plus répandue aux Etats-Unis que dans aucun autre pays du globe, et que les cas d'hommes ou de femmes (sauf les nègres âgés) ne sachant ni lire ni écrire sont extrêmement rares et considérés comme de véritables curiosités. Le nouvel État du Kansas a dépassé sous ce rapport tout ce qu'avaient fait, jusqu'à ce jour, les autres États de l'Union, ses aînés. Les étrangers de passage s'arrêtent avec admiration devant nos écoles communales : une Altesse impériale, le grand duc Alexis de Russie, en avril dernier, s'arrêta avec surprise devant une des écoles communales de Topeka pour demander quel était ce palais. Le général américain auquel il s'adressait lui fit lire alors l'inscription du frontispice : *Lincoln School* (École de Lincoln), nom du dernier président, mort assassiné, et le grand-duc, peu habitué à voir les gens du peuple posséder de pareils asiles pour l'instruction de leurs enfants, ne put s'empêcher d'en manifester en termes élogieux pour l'État et la ville toute son admiration. Je tiens à la disposition de tous ceux qui désireraient les voir de grandes photographies représentant ces monuments.

A cette heure, l'État du Kansas contient, réparties dans ses 33 comtés, 1,803 écoles, desservies par 2,640 professeurs, et fréquentées par 83,218 élèves de tous les âges ; je dis tous les âges, car vous voyez tous les jours l'ouvrier auquel le vieux continent n'a pu ou voulu donner l'instruction, venir demander aux écoles de sa nouvelle patrie les connaissances qui lui manquent, et aller le soir, après le labeur du jour, s'asseoir humblement sur les mêmes bancs, à côté de jeunes enfants de douze ans.

Chaque comté, chaque township fait annuellement une large part sur ses ressources aux écoles ; l'État leur donne en toute propriété les sections 16 et 36 de chaque thownship, c'est-à-dire un dix-huitième des terres de l'État (3,200,000 acres), soit une valeur excédant au bas mot 15,000,000 de dollars, religieusement employés à l'érection de nouvelles écoles ou à l'entretien et aux dépenses de celles qui existent déjà. On fait venir à grands frais des précepteurs des États de l'Est, quelquefois même d'Angleterre. Plus de dix enfants groupés à n'importe quel coin de la frontière nécessitent l'érection immédiate d'une école, et je dois ajouter qu'il y a trois ans, allant en excursion au territoire indien, la dernière maison que je saluai à la frontière ce fut une école.

En dehors des écoles communales, il existe dans l'État trois grandes universités établies sur le plan des universités d'Angleterre, et plusieurs institutions privées, où les jeunes gens des familles riches reçoivent une instruction et une éducation fort soignées.

Il est un fait absolument indiscutable aux États-Unis : c'est la différence énorme d'intelligence, d'instruction et de moralité existant par le fait de cette éducation si largement répandue entre la classe des émigrants telle qu'elle nous arrive d'Europe, et celle qui s'en forme une génération après.

Les enfants y sont d'une précocité surprenante : il n'est pas rare de voir des jeunes gens de dix-sept ans à la tête de commerces ou d'industries importants.

Des Églises.

Les populations du Kansas sont très-pieuses, tous les cultes y sont représentés et chacun suit, avec beaucoup d'assiduité, le culte auquel il appartient. La religion romaine possède un évêque à Leavenworth et une cathédrale qui a coûté plus d'un million de la monnaie française. Les cultes les plus répandus avec le catholicisme sont ceux des méthodistes, des anabaptistes, des presbytériens, des congrégationalistes et des épiscopaliens. Les églises sont presque aussi nombreuses que les écoles. L'État reconnaît tous les cultes, mais ne les entretient point; le salaire du clergé est à la charge de ceux qui l'emploient, ce qui, à mon avis, dégage le prêtre d'une espèce de servitude envers l'État ; je dois ajouter que peu de clergé est aussi respecté que le nôtre et aussi bien rémunéré. Il y a douze ans, un mois après l'établissement de la première colonie qu'ait possédée l'État, à Lawrence, un service régulier était établi ; j'ai vu souvent à la frontière le service divin célébré sous des tentes.

Des journaux.

Il s'imprime au Kansas une grande quantité de journaux mensuels, hebdomadaires, quotidiens, presque tous soutenus dans leurs efforts par des subventions locales. Rien, en effet, n'a plus contribué et ne contribue plus encore au développement de l'État que toutes ces feuilles qui vont au loin faire part des avantages de tous genres que le Kansas offre sous mille formes aux travailleurs. Sur 158 feuilles, 96 paraissent tous les jours, 29 hebdomadairement, 33 mensuellement.

Vous n'entrerez pas dans la plus humble demeure, au Kansas, même chez les hommes de couleur, sans trouver sur la table, surtout si c'est un dimanche, plusieurs journaux ; chacun peut et doit s'occuper des affaires publiques. Généralement, en Europe, on ne trouve les gazettes dans les villages qu'entre les mains de quelques-uns, riches ou en possession d'emplois publics : c'est là le trait caractéristique.

Les Indiens. — Le Désert.

On a beaucoup parlé, il y a quelques années, au Kansas, des Indiens, des déprédations et des meurtres qu'ils ont commis dans le nord de cet État ; mais, depuis, toute crainte à ce sujet est évanouie. Le gouvernement des États-Unis a assigné aux tribus turbulentes des territoires en dehors de l'État du Kansas, réserves où elles sont tenues de résider sans pouvoir en sortir. Les troupes des États-Unis sont du reste échelonnées le long de cette réserve pour empêcher toute espèce d'agression. — D'ailleurs, je dois dire, pour ma part et d'après ce que j'ai vu moi-même, que, dans tous les conflits qui se sont élevés, le plus souvent ce n'étaient pas les pauvres Peaux-Rouges qui avaient tort, mais bien des blancs peu scrupuleux de voler aux Indiens des chevaux ou des armes, et quelquefois de se porter aux plus graves outrages sur la personne de leurs femmes ou de leurs filles. Presque toutes les tribus indiennes vivent maintenant des libéralités du gouvernement fédéral qui, deux fois par an, au printemps et à l'automne, leur fait faire de larges distributions de vivres, d'armes, de selles, de harnais, etc., etc.

Il y a vraiment un véritable canard géographique à réfuter sur l'existence du fameux désert américain dont tous les géographes européens marquent la pointe extrême dans le S.-O. de l'État du Kansas. Non-seulement le désert tout entier qui figure sur toutes les cartes données dans les *écoles françaises* n'existe point, mais encore cette région n'a pas même l'apparence aride et stérile qu'on suppose à un haut plateau ; je l'ai visité moi-même et je puis affirmer que l'eau n'y manque pas, mais que de bonne heure, au printemps, des troupes innombrables de buffles (bisons), venant s'y donner rendez-vous, piétinent le sol sur trois cent milles environ et lui enlèvent cet aspect riant que l'on trouve dans les endroits cultivés ou habités où ces troupeaux n'osent plus s'aventurer, vu la présence des blancs qui sont, je crois, leurs plus grands ennemis ; car, si les Indiens en tuent, ils le font au moins par nécessité et pour vivre, tandis que le blanc tue par plaisir et laisse en partant des centaines de victimes dans la plaine, ce qui donne à manger au loup et irrite le Peau-Rouge qui voit chaque année les troupes diminuer ou fuir ces régions. Une loi récente du Congrès des États-Unis défend de tuer des buffles au delà des besoins de consommation.

Conseils pratiques.

Il me reste maintenant peu de chose à ajouter, si ce n'est quelques conseils à l'émigrant, conseils que me dicte ma propre expérience.

Sauf les vêtements, le linge et la chaussure, tout est à meilleur marché aux États-Unis qu'en France, j'entends parler des instruments de tous genres, des meubles, etc. A la dernière page vous trouverez un aperçu de tous les prix des provisions et ustensiles de toute espèce nécessaires à celui qui arrive. Il est donc parfaitement inutile de vous embarrasser de toutes sortes d'objets qui ne peuvent que vous gêner dans votre voyage naturellement très-rapide et être la source de mille ennuis et de mille dépenses. Si vous désirez emporter tel ou tel article, il faut vous poser cette question : il pèse tant, il vaut tant, il me coûtera tant ; une fois arrivé au Kansas, au moyen des aperçus de prix et de transports que vous trouvez ici, vous pouvez vous rendre compte de ce que serait le prix d'achat de l'objet équivalent au Kansas, le reste ne demande pas un grand effort d'imagination pour vous montrer ce qu'il y a de mieux à faire. Ce qui est essentiel, c'est de se munir du plus d'argent possible et d'arriver dans les meilleures dispositions de corps et d'esprit afin d'être bien apte à voir et à juger de suite les choses sous leur véritable aspect. Il est donc bien important de ne point perdre de temps en route, ou arrivé à destination, et de ne se laisser distraire de son but par aucun plaisir, surtout de n'écouter aucune des offres ou propositions dangereuses de mille aventuriers qui vivent de l'inexpérience des émigrants. New-York est rempli de piéges de ce genre, les soi-disant Français que vous y rencontrez sont les plus à craindre ; il est capital de ne pas s'y laisser prendre.

Je termine en assurant de nouveau l'accueil le plus favorable à toutes les personnes, de toutes les conditions et de tous les métiers, désireuses d'aller profiter au Kansas des priviléges et des avantages de tous genres que leur offre le pays par sa richesse naturelle et inépuisable, et le Gouvernement qui donne si généreusement l'hospitalité à ceux qui viennent la lui demander. Quelques années d'efforts, un peu de travail, de l'ordre dans les idées, et les affaires peuvent garantir à tous ceux qui viennent en Amérique une position qu'ils ne peuvent même point rêver sur le vieux Continent où, vu les rangs trop serrés, il n'est permis, même à l'homme intelligent, que d'avancer petits pas à petits pas et sans aucune sécurité pour l'avenir.

Georges de PARDONNET

Commissaire d'émigration de l'État de l'Oregon.

Bureau. 72. boulevard Haussman. Paris.

AGENCE GÉNÉRALE MARITIME

72, Boulevard Haussmann,

PARIS

Transports. — Embarquement. — Billets de Passage.

Formalité à remplir pour retenir sa place.

L'émigrant, après avoir conçu et mûri ses plans de nouvelle
existence et d'occupation dans la nouvelle patrie qu'il va cher-
cher, se trouve d'abord en présence du premier problème de
son expatriation : la traversée maritime. — La solution de ce
problème comporte pour lui trois termes essentiels : sécurité,
rapidité, économie.

C'est donc entrer dans ses besoins que de lui indiquer la voie
de transport maritime le plus à sa portée, car il se présente
souvent qu'en l'absence de tous renseignements, les personnes
qui doivent se rendre dans les pays d'outre-mer, Amériques du
Nord et du Sud, sont obligées de faire un voyage coûteux à Paris
ou au port d'embarquement pour se procurer les informations
qui leur manquent. — Nous pensons donc rendre à ces per-
sonnes-là un véritable service en nous mettant à leur disposition pour leur fournir toutes les informations nécessaires sur

les différentes contrées d'Amérique, sur les voies de transports, les époques de départs, les lignes de vapeurs, la durée des voyages, etc., etc.

De telle sorte qu'elles éviteront des frais de déplacement souvent assez lourds, et qu'elles pourront savoir le prix net et exact de leur voyage, de la localité qu'elles quittent au point où elles se rendent.

Nous délivrons des billets directs et réduits pour tous les points et villes des deux Amériques.

Sur aucun point du globe, la navigation n'est aussi facile et aussi multiple qu'entre l'Europe et l'Amérique. On compte au moins 25 lignes différentes de steamers partant à jours fixes de différents ports européens pour tous les ports importants des deux Amériques. — Grâce au perfectionnement apporté dans la construction des steamers et à la puissance toujours croissante de leurs forces motrices, on est arrivé à traverser l'Océan entre le Havre et New-York en 8 jours avec tout le confortable possible. Les steamers affectés à ce service ayant tout le luxe des plus grands hôtels.

Nos départs pour New-York, Philadelphie, Boston, Québec, Montréal, avec correspondance pour toutes les villes des États-Unis et du Canada, ont lieu trois fois par semaine, lundi, jeudi, et samedi. — Il est nécessaire de retenir sa place environ 8 jours d'avance en écrivant à cet effet à l'Agence générale maritime et en lui indiquant la classe et le jour du départ: les prix varient selon les compagnies et les saisons de l'année ; aussi est-il nécessaire, pour être fixé à cet effet, d'écrire à l'Agence qui répond de suite à toutes les questions qui lui sont faites à ce sujet et expédie les billets immédiatement par la poste. — Il est nécessaire, lorsqu'un passager désire retenir sa place, qu'il verse ou qu'il expédie en un mandat-poste, le quart du prix de sa place. — le reste se règle ensuite au moment du départ.

La formalité du passe-port est exigée pour les passagers de 3e classe. — les passagers de 1re et de 2e classe et les étrangers ne sont pas soumis à cette formalité.

Notre tarif spécial, combiné avec celui de tous les chemins de fer Américains, nous permet de donner des billets directs à prix réduits de Paris même, tous frais compris, jusqu'à la destination la plus éloignée : San Francisco.

Nos prix comprennent le chemin de fer de Paris au Havre avec franchise de 100 kilos de bagages, — le passage de mer avec nourriture, le débarquement des bagages, etc., etc., et, en cas que le passager se rende dans une localité plus éloignée, — le transport des bagages, du bord à la gare d'expédition.

Les départs pour Rio de Janeiro et autres ports du Brésil, Monte-Video, Buenos-Ayres, ont lieu les 1, 4, 16, et 18 de chaque mois. — Il faut retenir les places, environ 8 jours d'avance.

Les départs pour les Antilles, le Mexique et les différents ports de la Côte-Ferme, ont lieu les 5, 11, 21 et 25 de chaque mois, par des lignes françaises, allemandes et anglaises.

Nous délivrons également, par toutes les lignes faisant ce service, des billets pour les ports du Pacifique, Valparaiso, Callao, Lima, etc., ainsi que pour la Chine, le Japon, l'Australie et les Indes. Il suffit d'écrire à l'Agence générale maritime, avec timbre pour la réponse, pour être fixé sans délai sur les prix, époques de départs, en général tous les renseignements concernant le voyage à entreprendre, sa durée et les ressources du pays où l'on désire se rendre.

AVIS TRÈS-IMPORTANT

L'Agence Générale maritime croit devoir préve-
nir les passagers et émigrants en rapports avec
elle par correspondance, qu'à leur arrivée aux
gares de Paris, ils sont souvent l'objet d'obsessions
et d'offres de la part d'individus intéressés à les
détourner de leur route, et à les conduire dans des
maisons ou des agences qui n'ont rien de commun
avec elle. — L'agence n'a pas de succursales à
Paris, et nos passagers devront se faire conduire
dès leur arrivée, 72, boulevard Haussmann. C'est
la gare de Paris-Lyon-Méditerannée qui est surtout exploitée par ces individus dont plusieurs
prennent souvent la qualité d'employé de l'Agence
sans y avoir aucun droit. Il est capital de ne pas
s'y laisser prendre.

AGENCE GÉNÉRALE MARITIME

72, BOULEVARD HAUSSMANN

PARIS

Nous avons peu de choses à ajouter aux renseignements que nous venons de lire : ils donnent à l'émigrant une idée juste de la situation qu'il peut se faire dans les États de l'ouest de l'Amérique en sachant, par son travail, tirer parti des avantages du sol.

Ceux qui voudront se rendre dans les villes pour y exercer leur profession ou leur métier recevront de l'Agence tous les renseignements qu'ils désirent sur New-York, Philadelphie, Boston, Québec, Montréal-Chicago, Saint-Louis, San-Francisco et autres villes des États-Unis.

Ceux qui voudront se rendre à Buenos-Ayres recevront, sur leur demande, une brochure très-intéressante sur la République Argentine, récemment publiée par M. John Le Long, ancien Consul Général de France à Buenos-Ayres, brochure dans laquelle ils trouveront tous les renseignements désirables sur cette République devenue si prospère depuis quelques années.

Nous avons des correspondants dans toutes les grandes villes des États-Unis et de l'Amérique du Sud, et nous nous mettons pour tous renseignements à la disposition de ceux qui ont besoin, pour accomplir leur voyage, d'aide et de conseils.

Nos renseignements sont purement gratuits ; il suffit de nous écrire en joignant un timbre-poste à la lettre pour recevoir immédiatement une réponse.

AVIS AUX ÉMIGRANTS

ET AUX PASSAGERS EN DESTINATION DES PORTS AMÉRICAINS

Les passagers qui arrêtent leurs places à l'Agence Générale Maritime, 72, boulevard Haussmann, Paris, bénéficient de la réduction de moitié prix accordée par les Compagnies des chemins de fer de l'Ouest, du Nord et Orléans aux voyageurs de 2° et 3° classes, porteurs de nos billets spéciaux en destination des ports américains.

BANQUE ET CHANGE

Les passagers peuvent obtenir au bureau de l'Agence Générale, de l'argent Américain, ainsi que des traites payables à vue sur toutes les places d'Amérique.

1071.77. — Boulogne (Seine). — Imprimerie JULES BOYER.

Contraste insuffisant

NF Z 43-120-14